例外数量和有限数量危险货物
道路运输指南

Liwai Shuliang he Youxian Shuliang Weixian Huowu
Daolu Yunshu Zhinan

中国石油和化学工业联合会　组织编写

交通运输部危险货物道路运输专家组　审　　定

人民交通出版社股份有限公司

北 京

内 容 提 要

本指南是依据《危险货物道路运输安全管理办法》建立的例外数量和有限数量危险货物道路运输制度编制的。主要内容包括：例外数量和有限数量危险货物判定、包装选择和使用要求、运输单据要求、装卸作业要求、运输作业要求、培训要求等。

本指南可作为例外数量和有限数量危险货物道路运输的推荐性技术参考手册。

图书在版编目（CIP）数据

例外数量和有限数量危险货物道路运输指南 ／ 中国石油和化学工业联合会组织编写. — 北京：人民交通出版社股份有限公司，2020.12
  ISBN 978-7-114-16609-9

Ⅰ．①例… Ⅱ．①中… Ⅲ．①公路运输—危险货物运输—交通运输安全—安全管理—指南 Ⅳ．①U492.8-62

中国版本图书馆CIP数据核字（2020）第094088号

书　　名：例外数量和有限数量危险货物道路运输指南
著 作 者：中国石油和化学工业联合会
策划编辑：董　倩　张　琼
责任编辑：董　倩
责任校对：席少楠
责任印制：张　凯
出版发行：人民交通出版社股份有限公司
地　　址：（100011）北京市朝阳区安定门外外馆斜街3号
网　　址：http://www.ccpcl.com.cn
销售电话：（010）59757973
总 销 售：人民交通出版社股份有限公司发行部
经　　销：各地新华书店
印　　刷：中国电影出版社印刷厂
开　　本：720×960　1/16
印　　张：4
字　　数：57千
版　　次：2020 年 12 月　第 1 版
印　　次：2021 年 1 月　第 2 次印刷
书　　号：ISBN 978-7-114-16609-9
定　　价：40.00 元

审定委员会

吴金中　交通运输部公路科学研究院

杨开贵　四川省交通运输厅运输管理局

曾繁智　重庆市道路运输管理局

相金龙　江苏省苏州市运输管理处

庞广廉　中国石油和化学工业联合会

李建波　中国聚氨酯工业协会

刘宇航　中国物流采购联合会危化品物流分会

徐燕晓　中国欧盟商会化工和物流工作组

编写委员会

李东红　巴斯夫（中国）有限公司

杨　益　陶氏化学（中国）有限公司

李绍霞　诺力昂化学品有限公司

阎靓玉　中国石油和化学工业联合会

范文姬　交通运输部公路科学研究院

彭建华　交通运输部科学研究院

路冰琳　中国包装联合会运输包装委员会

刘　霞　瑞士奇华顿公司

钟　原　上海中外运国际化工物流有限公司

郁丽君　霍尼韦尔特性材料与技术集团

王肖梅　杭州华测瑞欧科技有限公司

朱良伟　中国石油和化学工业联合会

朱　岿　默克化工技术（上海）有限公司

张　通　北京宝洁技术有限公司

李婷婷　杭州华测瑞欧科技有限公司

　　我国已经成为全世界化工产品的第一大生产国。化工产品种类繁多，特性各异，用途广泛，运输里程长且区域跨度大。化工产品的流通既有大宗干线运输，也有小量终端配送，迫切需要实行科学管理、分类管理、精准管理。为促进小包装化工产品安全便利运输，切实降低企业经营负担，交通运输部等六部门于2019年联合颁布的《危险货物道路运输安全管理办法》，在总结国内有关农药、涂料等小包装危险货物运输实践经验的基础上，借鉴国际通行做法，完善了例外数量和有限数量危险货物道路运输管理制度，对84消毒液等小包装日化品，以及气雾剂和化工品试剂等低度危害物品的道路运输实施了豁免管理，有利于解决小包装危险货物合规运输成本高等问题。

　　我们在看到运输条件发生积极变化的同时，也必须深刻地认识到，例外数量和有限数量危险货物仍然具有易燃、毒害、感染、腐蚀等危险特性，如果不能做到合规操作、规范作业，仍有可能引发安全事故。今年4月，习近平总书记在全国安全生产电视电话会上强调："生命重于泰山。各级党委和政府务必把安全生产摆到重要位置，树牢安全发展理念，绝不能只重发展不顾安全，更不能将其视作无关痛痒的事，搞形式主义、官僚主义。要针对安全生产事故主要特点和突出问题，层层压实责任，狠抓整改落实，强化风险防控，从根本上消除事故隐患，有效遏制重特大事故发生"。

为认真贯彻落实习近平总书记的指示要求，指导全行业严格执行例外数量和有限数量危险货物道路运输管理制度，受交通运输部运输服务司委托，中国石油和化学工业联合会组织专家编写了《例外数量和有限数量危险货物道路运输指南》。该指南内容全面，可操作性强，并且引入了大量案例详解，对企业实现安全运输管理有着重大指导意义。

希望托运人、承运人及相关从业人员严格遵守"例外数量""有限数量"法规规定，深入了解其作业要求及风险，认真研读、消化吸收、规范作业，牢牢把握"安全"与"便利"的统一，有效促进小件危险货物安全便利运输。

危险货物道路运输安全任重道远，责任重大，让我们共同努力。

中国石油和化学工业联合会会长　李寿生

2020年12月

为深入贯彻落实党中央国务院的部署要求，切实强化危险货物道路运输安全管理，有效预防危险货物道路运输事故，保障人民群众生命、财产安全、保护环境，交通运输部等六部门于2019年以联合部令形式颁布了《危险货物道路运输安全管理办法》（以下简称《办法》）。例外数量和有限数量危险货物道路运输管理制度是《办法》建立的一项重要制度，对于解决小包装危险货物合规运输成本高等问题具有重要作用。为更好的指导各参与方深刻理解、准确掌握、全面落实有限数量和例外数量危险货物道路运输管理制度，切实促进小包装危险货物安全便利指南，中国石油和化学工业联合会受交通运输部运输服务司的委托，组织专家编写了《例外数量和有限数量危险货物道路运输指南》（以下简称《指南》）。

从2016年12月启动编写，到2020年12月正式出版，《指南》编制工作历时4年。为解决技术资料匮乏、细分领域差异、认识不统一等问题，编写委员会在深入研究国际规则的基础上，广泛收集国际化工企业相关实操手册，先后在上海、杭州、嘉兴和秦皇岛进行了4次集中研讨，最终起草完成了《指南》，并通过了交通运输部危险货物道路运输专家组组织的审定。编制工作中，交通运输部运输服务司给予了有力指导，编写委员会成员不辞辛劳、不计报酬、严谨认真，体现出了良好的业务素质与扎实的工作作风。巴斯夫

（中国）有限公司、陶氏化学（中国）有限公司等编写委员会成员所在单位及人民交通出版社股份有限公司也给予了大力支持，在此一并表示感谢！

希望本书的出版发行，能为例外数量和有限数量危险货物道路运输各参与方合规作业提供技术指导，为例外数量和有限数量危险货物道路运输管理制度的实施起到积极的推进作用。

中国石油和化学工业联合会

2020年12月

CONTENTS | **目 录** |

第一章　例外数量危险货物道路运输指南 …………… **001**

第一节　总则 ……………………………………………… 003

一、编制目的 ……………………………………………… 003

二、适用范围 ……………………………………………… 003

三、术语定义 ……………………………………………… 003

第二节　适用例外数量道路运输的危险货物 …………… 005

一、适用原则 ……………………………………………… 005

二、判定流程 ……………………………………………… 005

第三节　例外数量危险货物包装的选择和使用要求 …… 008

一、例外数量危险货物包装的选择和使用 ……………… 008

二、例外数量危险货物包件性能测试要求 ……………… 013

三、《例外数量危险货物包件性能测试报告》和《例外数量

危险货物包件使用声明》 …………………………… 014

四、例外数量危险货物包件标记要求 …………………… 015

第四节　运输单据要求 ···························· 016

　　一、例外数量危险货物托运清单要求·················· 016

　　二、例外数量危险货物运单要求···················· 017

　　三、《例外数量危险货物包件性能测试报告》和《例外数量

　　　　危险货物包件使用声明》使用要求··············· 018

　　四、例外数量危险货物道路运输与多式联运的衔接············ 018

第五节　运输作业要求 ······························ 018

第六节　培训要求 ·································· 019

　　一、培训对象·························· 019

　　二、培训形式·························· 019

　　三、培训内容·························· 019

　　四、培训记录·························· 020

第二章　有限数量危险货物道路运输指南·············· 021

第一节　总则 ······························ 023

　　一、编制目的·························· 023

　　二、适用范围·························· 023

　　三、术语定义·························· 023

第二节　适用有限数量道路运输的危险货物 ············· 025

　　一、适用原则·························· 025

　　二、判定流程·························· 025

第三节　有限数量危险货物包装的选择和使用要求 ······ 029

　　一、总体要求·························· 029

　　二、有限数量危险货物包装的选择和使用·············· 030

三、有限数量危险货物包装性能测试要求 …………………… 036

四、《有限数量危险货物包装性能测试报告》和《有限数量
危险货物包装使用声明》使用要求 ………………………… 039

五、有限数量危险货物包件标记要求 ……………………………… 041

第四节　运输单据要求 ……………………………………………… **043**

一、有限数量危险货物托运清单要求 …………………………… 043

二、有限数量危险货物运单要求 ………………………………… 044

三、《有限数量危险货物包装性能测试报告》和《有限数量
危险货物包装使用声明》使用要求 ………………………… 044

四、有限数量危险货物道路运输与多式联运的衔接 ………… 044

第五节　装卸作业要求 ……………………………………………… **045**

一、混合装载 ……………………………………………………… 045

二、装卸操作 ……………………………………………………… 045

三、堆垛和系固 …………………………………………………… 046

四、卸载和清洗 …………………………………………………… 046

第六节　运输作业要求 ……………………………………………… **046**

一、总体要求 ……………………………………………………… 046

二、一般运输要求 ………………………………………………… 047

三、有限数量危险货物超过8吨时的运输要求 ……………… 047

四、与一般危险货物混合运输时的运输要求 ………………… 048

第七节　培训要求 …………………………………………………… **048**

一、培训对象 ……………………………………………………… 048

二、培训形式 ……………………………………………………… 049

三、培训内容 ……………………………………………………… 049

四、培训记录 ……………………………………………………… 050

第一章

例外数量危险货物
道路运输指南

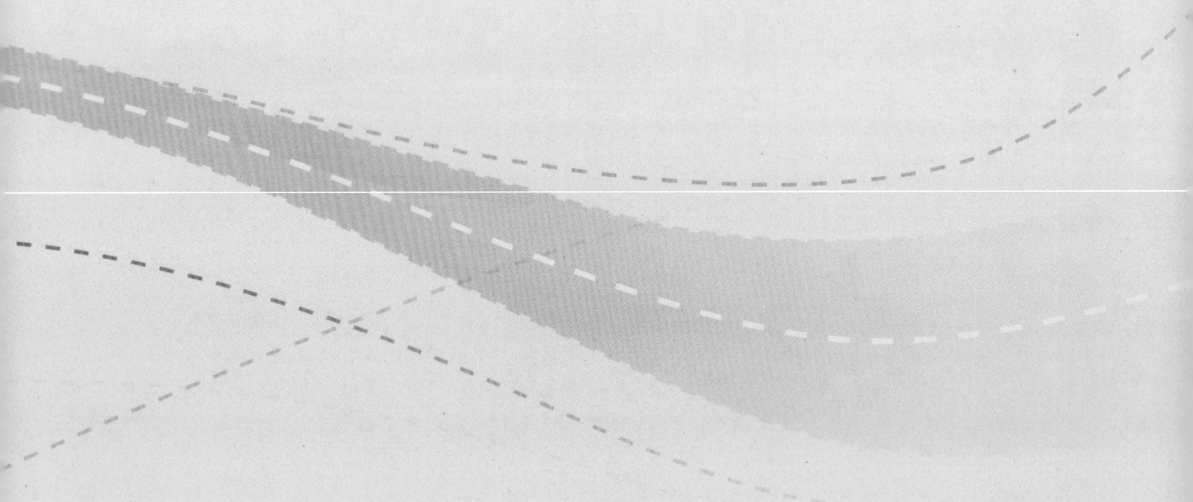

第一节 总 则

一、编制目的

为指导和规范例外数量危险货物道路运输的实际操作，根据《危险货物道路运输安全管理办法》（交通运输部令2019年第29号）、《危险货物道路运输规则》（JT/T 617—2018）等有关法规标准制定本指南。

二、适用范围

本指南适用于例外数量危险货物道路运输的托运、承运和运输作业环节。

法律法规对剧毒化学品、民用爆炸物品、烟花爆竹以及放射性物品有特殊规定的，从其规定。

三、术语定义

（1）危险货物（Dangerous Goods），是指列入《危险货物道路运输规则》（JT/T 617），具有爆炸、易燃、毒害、感染、腐蚀、放射性等危险特性的物质和物品。

（2）例外数量危险货物（Dangerous Goods Packed in Excepted Quantities），是指列入《危险货物道路运输规则》（JT/T 617），通过容量、数量限制、包装、标记等特别要求，消除或者降低其运输危险性并免除相关运输条件的危险货物。

（3）例外数量（Excepted Quantity），是指危险货物以例外数量形式运输时，每件内包装和每件外包装所装危险货物的最大净装载量。

003

例外数量危险货物每件内包装和每件外包装可运输危险货物的最大净装载量应满足《危险货物道路运输规则　第3部分：品名及运输要求索引》（JT/T 617.3—2018，以下简称JT/T 617.3—2018）中表A.1第（7b）列例外数量的数值要求。

（4）内包装（Inner Packaging），是指运输时需使用外包装的包装。

（5）外包装（Outer Packaging），是指复合或组合包装的外保护装置，以及为容纳和保护内包装所需要的吸附性材料、缓冲材料和其他部件。

（6）中间包装（Intermediate Packaging），是指置于内包装或物品与外包装之间的包装。

（7）组合包装（Combination Packaging），是指为了运输目的而组合在一起的一组包装，由固定在一个外包装中的一个或多个内包装组成。

（8）包件或包装件（Package），是指包装作业的完结产品，包括准备好供运输的包装、大型包装或中型散装容器及其内装物。

（9）集合包装（Overpack），是指为了方便运输过程中的装卸和存放，将一个或多个包件装在一起以形成一个独立单元所用的包装物。如将多个包件放置或堆垛在托盘上，并用塑料打包带、收缩薄膜或其他适当方式紧固；或者放在箱子或围板箱等外保护包装中。

（10）包装类别（Packing Group），是指根据物质本身的危险程度，将其分为3个包装类别：

包装类别Ⅰ：具有高度危险性的物质；

包装类别Ⅱ：具有中等危险性的物质；

包装类别Ⅲ：具有轻度危险性的物质。

对第1类、第2类、5.2项、6.2项、第7类，以及4.1项中的自反应物质另有规定的除外。

第二节　适用例外数量道路运输的危险货物

一、适用原则

适用例外数量道路运输的危险货物多为运输数量较少、危险程度较小的危险货物，以列入JT/T 617.3—2018表A.1第（7b）列例外数量中的为准。

二、判定流程

某种危险货物是否适用例外数量道路运输的判定流程如图1-1所示。

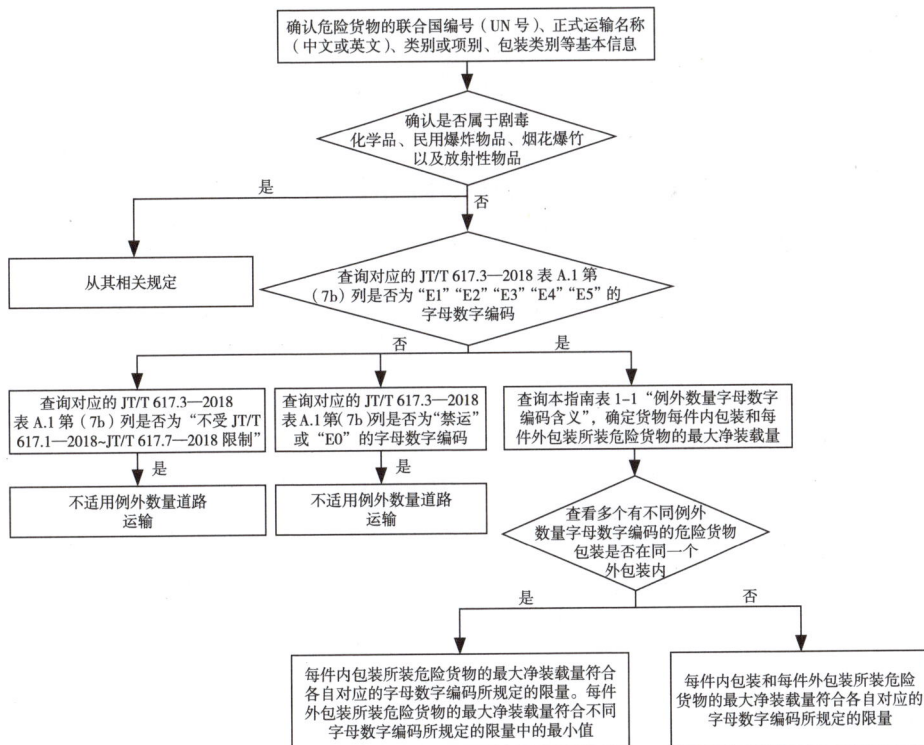

```
          确认危险货物的联合国编号（UN号）、正式运输名称
          （中文或英文）、类别或项别、包装类别等基本信息
                              │
                              ▼
                    确认是否属于剧毒
                  化学品、民用爆炸物品、烟花爆竹
                    以及放射性物品
        ┌──────是──────┤           否
        ▼                          ▼
   从其相关规定          查询对应的 JT/T 617.3—2018 表 A.1 第
                       （7b）列是否为"E1""E2""E3""E4""E5"的
                              字母数字编码
                    ┌────否────┬────────是────────┐
                    ▼          ▼                  ▼
        查询对应的 JT/T 617.3—2018   查询对应的 JT/T 617.3—2018   查询本指南表 1-1 "例外数量字母数字
        表 A.1 第（7b）列是否为"不受 JT/T   表 A.1 第（7b）列是否为"禁运"   编码含义"，确定货物每件内包装和每
        617.1—2018~JT/T 617.7—2018 限制"   或"E0"的字母数字编码   件外包装所装危险货物的最大净装载量
                 │是                    │是                       │
                 ▼                      ▼                         ▼
        不适用例外数量道路         不适用例外数量道路        查看多个有不同例外
            运输                      运输              数量字母数字编码的危险货物
                                                      包装是否在同一个
                                                        外包装内
                                           ┌──────是──────┬────────否────────┐
                                           ▼                                 ▼
                              每件内包装所装危险货物的最大净装载量符合    每件内包装和每件外包装所装危险
                              各自对应的字母数字编码所规定的限量。每件    货物的最大净装载量符合各自对应的
                              外包装所装危险货物的最大净装载量符合不同    字母数字编码所规定的限量
                              字母数字编码所规定的限量中的最小值
```

注：若第（7b）列显示为"见特殊规定×××"，则从其特殊规定。

图1-1　适用例外数量道路运输的判定流程和包装方式选择

1. 确认危险货物基本信息

按照《危险货物道路运输规则　第2部分：分类》（JT/T 617.2—2018，以下简称JT/T 617.2—2018）和JT/T 617.3—2018，确认危险货物的联合国编号（UN号）、正式运输名称（中文或英文）、类别或项别、包装类别等信息。化学品的危险货物分类信息可以从其化学品安全技术说明书（MSDS）的第14部分：运输信息中查询获取。

2. 确认是否属于剧毒化学品等

按相关法规确认是否属于剧毒化学品、民用爆炸物品、烟花爆竹以及放射性物品。如属于，则该危险货物从其规定。

3. 确认是否适用例外数量道路运输

根据JT/T 617.3—2018表A.1第（1）（2a）（2b）（4）列的危险货物联合国编号（UN号）、中文名称、英文名称和包装类别，查询对应的第（7b）列例外数量中字母数字编码规定。若第（7b）列为"禁运"或"E0"，则表明该危险货物不适用例外数量道路运输。若第（7b）列为"E1"至"E5"中任一个，则表明该危险货物适用例外数量道路运输（表1–1）。

例外数量字母数字编码含义　　　　　　　　　　　　　　表1–1

编码	每件内包装的最大净装载量 [a]	每件外包装的最大净装载量 [b]
E0	不适用例外数量运输	
E1	30	1000
E2	30	500
E3	30	300
E4	1	500
E5	1	300

注：对于气体，内包装标明的容量指内包装的水容量，外包装标明的容量指在一件外包装内所有内包装水容量之总和。

a 固体单位为 g，液体和气体单位为 mL。

b 固体单位为 g，液体和气体单位为 mL，在混装的情况下单位为 g 和 mL 之总和。

4. 判定某种危险货物是否适用例外数量道路运输的示例

1）不适用例外数量道路运输的危险货物示例

①硝酸铵，联合国编号为UN 0222，属于第1类爆炸性物质和物品，不适用例外数量道路运输。

②氰化钾，联合国编号为UN 1680，属于剧毒化学品，不适用例外数量道路运输。

③无水氟化氢，联合国编号为UN 1052，属于第8类腐蚀性气体，包装类别为Ⅰ，JT/T 617.3—2018表A.1第（7b）列为"E0"，不适用例外数量道路运输（表1-2）。

氟化氢基本信息表　　　　　　　　　　　　　　表1-2

联合国编号	中文名称和描述	英文名称和描述	类别	包装类别	例外数量
（1）	（2a）	（2b）	（3a）	（4）	（7b）
1052	氟化氢，无水的	HYDROGENFLUORIDE, ANHYDROUS	8	Ⅰ	E0

2）适用例外数量道路运输的危险货物示例

①胶黏剂类（含有易燃液体），联合国编号为UN 1133，属于第3类易燃液体，包装类别分别为Ⅰ、Ⅱ、Ⅲ，JT/T 617.3—2018表A.1第（7b）列分别为"E3""E2""E1"，均适用例外数量道路运输（表1-3）。

②制冷气体，未另作规定的，联合国编号为UN 1078，属于2.2项非易燃无毒气体，JT/T 617.3—2018表A.1第（7b）列为"E1"，适用例外数量道路运输。根据表1-1可知，该物质每件内包装的最大净装载量为30mL，每件外包装的最大净装载量为1000mL。

③丙酮，联合国编号为UN 1090，属于第3类易燃液体，包装类别为Ⅱ，JT/T 617.3—2018表A.1第（7b）列为"E2"，适用例外数量道路运输。根据表1-1可知，该物质每件内包装的最大净装载量为30mL，每件外包装的最大净装载量为500mL。

④对环境有害的物质，固体的，未另作规定的，联合国编号为UN 3077，属于第9类杂项危险物质和物品，包装类别为Ⅲ，JT/T 617.3—2018表A.1第（7b）列为"E1"，适用例外数量道路运输。根据表1-1可知，该物质每件内包装的最大净装载量为30g，每件外包装的最大净装载量为1000g。

胶黏剂类（含有易燃液体）基本信息表   表1-3

联合国编号	中文名称和描述	英文名称和描述	类别	包装类别	例外数量
（1）	（2a）	（2b）	（3a）	（4）	（7b）
1133	胶黏剂类，含有易燃液体	ADHESIVES containing flammable liquid	3	Ⅰ	E3
1133	胶黏剂类，含有易燃液体（50℃时，蒸气压大于110kPa）	ADHESIVES containing flammable liquid（vapour pressure at 50℃ more than 110kPa）	3	Ⅱ	E2
1133	胶黏剂类，含有易燃液体（50℃时，蒸气压不大于110kPa）	ADHESIVES containing flammable liquid（vapour pressure at 50℃ not more than 110kPa）	3	Ⅱ	E2
1133	胶黏剂类，含有易燃液体	ADHESIVES containing flammable liquid	3	Ⅲ	E1

第三节 例外数量危险货物包装的选择和使用要求

一、例外数量危险货物包装的选择和使用

1. 例外数量危险货物包装的选择

托运人根据JT/T 617.3—2018表A.1第（7b）列例外数量字母数字编码确定了每件内包装及每件外包装的最大净装载量后，可进行例外数量危险货物包件运输。

（1）危险货物应盛装在满足相关标准的包装内。包装应质量合格、足够

坚固，能够承受装卸、运输、仓库周转时受到的冲击和振动；应结构合理、具有良好的密封性，能够防止正常运输过程中由于振动，温度、湿度或压力变化（如因海拔不同所致）引起的任何内装货物的损失；在运输过程中，不应有任何危险货物残余物质黏附在包装的外表面。

（2）包装与危险货物直接接触的各个部位不应发生以下情况：

①其强度不应因受到例外数量危险货物的影响而明显减弱；

②不应在包件内造成危险效应，例如促使例外数量危险货物自身起反应或与其他例外数量危险货物发生反应；

③在正常运输条件下不会发生例外数量危险货物渗透情况；

④必要时，可有适当的内涂层或经过适当的处理。

（3）混合运输多种例外数量危险货物时，可选择不同的包装方式。例如，混合运输丙酮（UN 1090）和对环境有害的物质，固体的，未另作规定的（UN 3077）时，根据判定流程可知，这两种物质都适用例外数量道路运输，托运人可以选择以下两种包装方式：

①将两种物质分别包装，形成两个包件，并分别满足各自对应的内包装和外包装的最大净装载量限量要求。

②将两种物质放置在同一个符合JT/T 617.3—2018中8.1.3节要求的外包装内，每件内包装需符合各自对应的内包装的最大净装载量要求（分别为30mL和30g），每件外包装的最大净装载量还应满足两者要求中更严格的编码"E2"所规定的数量要求，即不得超过500mL。

2. 例外数量危险货物包装的使用

1）一般要求

例外数量危险货物包装应符合《危险货物道路运输规则　第4部分：运输包装使用要求》（JT/T 617.4—2018，以下简称JT/T 617.4—2018）中的以下包装要求。

（1）当包装内装载液体时，应预留有足够的膨胀空间，以防止在运输过程中因温度变化引起液体膨胀而导致容器渗漏或永久变形。一般情况下，液体在55℃充装温度下，不得完全装满容器，内装液体的最大充装度见表1-4。

内装液体最大充装度 表1-4

物质的沸点 （开始沸腾的温度点，℃）	$T < 60$	$60 \leqslant T < 100$	$100 \leqslant T < 200$	$200 \leqslant T < 300$	$T \geqslant 300$
最大充装度 （容器体积的百分数，%）	90	92	94	96	98

（2）若例外数量危险货物与其他货物之间会发生危险化学反应并可能造成如下后果，则不得混装在同一外包装或大型包装内：

①燃烧或放出大量的热；

②放出易燃、毒性或窒息性气体；

③产生腐蚀性物质；

④产生不稳定物质。

2）特殊要求

例外数量危险货物包装还应符合JT/T 617.3—2018中8.2章的包装特殊要求。

（1）例外数量危险货物需使用内包装。内包装的材料应使用塑料（在盛装液体危险货物时，其厚度不应小于0.2mm）、玻璃、瓷器、石器、陶器或金属。每个内包装的封口应使用金属丝、胶带或其他可靠手段将其紧固。任何带有模压螺纹瓶颈的容器，应配有防漏的螺纹型瓶盖。封口应能够耐内装物的腐蚀。

（2）每个内包装都应牢靠地装在带衬垫材料的中间包装中，使之在正常运输条件下不会破裂、穿孔或发生内装物泄漏。在发生破裂或泄漏的情况下，不论包件的方向如何，中间包装都应能够完全盛载内装物。装载液态危险货物的中间包装，应含有足够的吸收材料，可吸收内包装的全部内装物（吸收材料可以是衬垫材料）。危险货物不应与衬垫材料、吸收材料和包装材料发生危险化学反应，或降低材料的完整性或作用。

（3）中间包装应牢靠地包装在坚固、硬质的外包装内（例如木材、纤维板或其他同样坚固的材料）。例外数量危险货物包装步骤如图1-2所示。

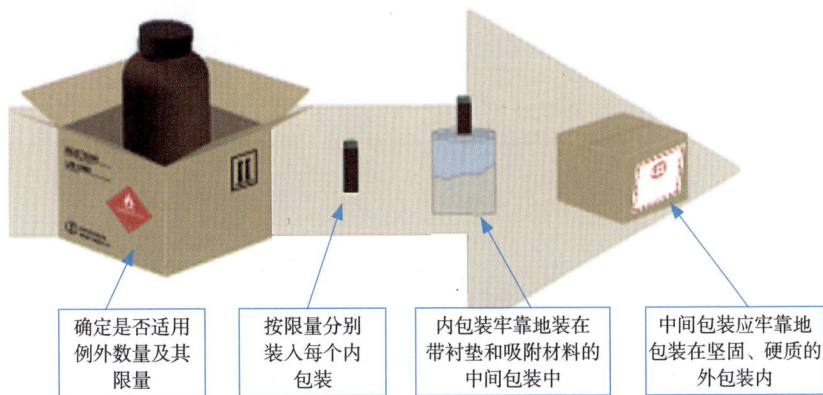

确定是否适用例外数量及其限量　按限量分别装入每个内包装　内包装牢靠地装在带衬垫和吸附材料的中间包装中　中间包装应牢靠地包装在坚固、硬质的外包装内

图1-2　例外数量危险货物包装步骤

（4）每个包件的尺寸，应确保有足够的空间做标记。

（5）可以使用集合包装，且集合包装中可装有其他危险货物包件或非危险货物包件。

3. 包装的选择和使用示例

以易燃胶黏剂为例。

1）包装的选择

易燃胶黏剂，联合国编号为UN 1133，正式运输名称为胶黏剂类，含有易燃液体，包装类别为Ⅲ，JT/T 617.3—2018表A.1第（7b）列中例外数量字母数字编码为"E1"，即货物每件内包装的最大净装载量为30mL，每件外包装的最大净装载量为1000mL。

2）包装的使用

（1）将易燃胶黏剂放入内包装，拧紧瓶盖并密封。因易燃胶黏剂为液体，故内包装放入塑料袋后要扎紧封口，以防止泄漏（图1-3）。为保证运输过程中温度变化引起的液体膨胀不会导致容器变形或泄漏，推荐充装度为90%。

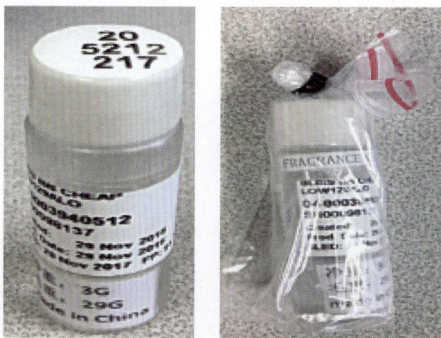

图1-3　易燃胶黏剂内包装示例

（2）在中间包装中放入3cm左右的衬垫和吸附材料后，放入内包装，并用衬垫和吸附材料填满空隙，压实并盖紧。为防止中间包装盖子松动，需再次将其放入塑料袋中，扎紧封口并密封（图1-4）。

图1-4　易燃胶黏剂中间包装示例

（3）在外包装底部放入3cm左右的衬垫材料后，放入中间包装，并用衬垫材料填满空隙、压实，密闭后封箱，完成包装（图1-5）。

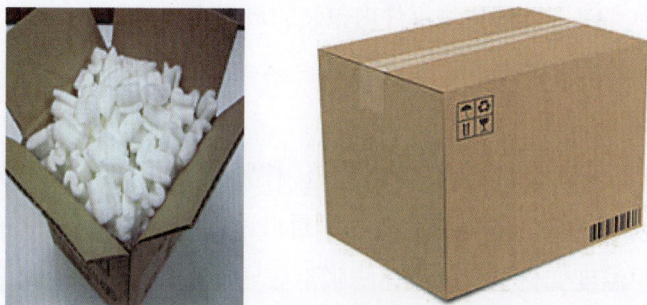

图1-5　易燃胶黏剂外包装示例

二、例外数量危险货物包件性能测试要求

例外数量危险货物包件性能应符合JT/T 617.3—2018中8.3章的测试要求。

（1）准备运输的完整包件，包括内包装，装载固体物质不小于其容量的95%或装载液体物质不小于其容量的98%，应通过以下测试（记录测试过程及结果）且不发生任何内包装的破裂或泄漏。

①从1.8m的高度向坚硬、无弹性、平坦而水平的表面跌落（跌落试验可使用其他的等效包件），要求如下。

a）箱形样品，应从以下每个方向跌落：

（a）底部平跌；

（b）顶部平跌；

（c）最长侧面平跌；

（d）最短侧面平跌；

（e）棱角着地。

b）桶形样品，应从以下每个方向跌落：

（a）顶部凸边斜着落地，重心在撞击点正上方；

（b）底部凸边斜着落地；

（c）侧面平着落地。

②向上表面持续24小时施加力度相当于同样包件垛高3m的总重力（包括试样）的压力。

（2）进行测试试验时，在保证试验结果不失效的条件下，包装内准备运输的物质可用其他物质替代。固体测试试验中使用其他物质替代时，其物理特性（质量、颗粒大小等），应与拟运输的物质相同。液体跌落试验中使用其他物质替代时，其相对密度（比重）和黏度，应接近拟运输的物质。

三、《例外数量危险货物包件性能测试报告》和《例外数量危险货物包件使用声明》

1. 《例外数量危险货物包件性能测试报告》

托运人应确保例外数量危险货物包件性能符合测试要求并出具《例外数量危险货物包件性能测试报告》。测试报告至少应包含以下内容：

（1）测试机构的名称和地址；

（2）托运人或包装人的名称和地址；

（3）测试报告的唯一性编号；

（4）测试报告签发日期；

（5）例外数量危险货物信息（如货物名称、联合国编号、正式运输名称、危险类别/项别、包装类别等）；

注：若另行出具了《例外数量危险货物包件使用声明》，则（5）中的例外数量危险货物信息可免除。

（6）包装类型说明（如包装尺寸、材质、容器数量、内装物的质量或体积等，附图样和/或照片）；

（7）测试项目和结果；

（8）测试人签字，测试机构盖章。

托运人或包装人应对《例外数量危险货物包件性能测试报告》存档，保存期限不得少于使用后36个月。

2. 《例外数量危险货物包件使用声明》

以例外数量危险货物包装形式托运危险货物的，托运人应当向承运人出具符合JT/T 617.3—2018包装要求的《例外数量危险货物包件使用声明》（图1-6），书面声明危险货物符合相关包装要求。

例外数量危险货物包件使用声明

包件声明编号：_____　　　　　　　包件测试报告编号：_____

企业名称					
货物名称	联合国编号（UN号）	正式运输名称	类别项别	包装类别	包件数量（个）
合计					

声明：本公司承诺所出运的例外数量危险货物包件的适用性及使用方法，符合如下法规标准要求（适用例外数量危险货物道路运输的相关内容）：

《危险货物道路运输安全管理办法》；

《危险货物道路运输规则　第3部分：品名及运输要求索引》（JT/T 617.3—2018）；

其他_____

如有不符，我公司将承担相应的法律责任。

特此声明。

公司盖章：

声明人姓名：　　　　　　签字：　　　　　　日期：

图1-6　《例外数量危险货物包件使用声明》格式

四、例外数量危险货物包件标记要求

例外数量危险货物包件标记应符合JT/T 617.3—2018中8.4章的相关要求，即装有例外数量危险货物的包件，应耐久、清楚地粘贴如图1-7所示的标记。包件内所有例外数量危险货物的不同危险类别应分别在标记内注明（图1-8）。例外数量危险货物的危险类别可在JT/T 617.3—2018表A.1第（5）列标志中查询；当同一物质有多个危险类别时，应选择第一个危险类别进行标记。

如果不能从例外数量危险货物的集合包装外清楚地看到包件的标记，则应在集合包装外表面粘贴标记。

说明：

* ——显示包件内例外数量危险货物的危险类别。

** ——如果包件没有在其他位置显示发货人或收货人的姓名，则在此处标记。

图1-7　例外数量危险货物包件标记

例外数量危险货物包件标记示例如图1-8所示。

图1-8　例外数量危险货物包件标记示例图

第四节　运输单据要求

一、例外数量危险货物托运清单要求

例外数量危险货物托运清单至少应包含以下信息：

（1）托运人的名称和地址；

（2）收货人的名称和地址；

（3）发货/装货地；

（4）收货/卸货地；

（5）承运人名称；

（6）货物品名；

（7）例外数量危险货物包件的数量；

（8）《例外数量危险货物包件性能测试报告》编号或《例外数量危险货物包件使用声明》编号；

（9）托运人应急联系电话；

（10）备注：如果在运输途中发现例外数量危险货物包件有破损现象，承运人应立即通知托运人，并按照托运人的要求及时妥善处理破损包件及受到破损包件影响的其他货物。

托运人可以自行设计托运清单格式，但应涵盖上述内容。托运清单上填写的信息应清晰、易辨。

托运人应当妥善保存例外数量危险货物托运清单，保存期限不得少于12个月。

二、例外数量危险货物运单要求

例外数量危险货物运单上的信息应可追溯，且至少应包含：

（1）运单的唯一性编号；

（2）例外数量危险货物包件的数量。

承运人可以自行设计运单格式，但应涵盖上述内容。运单上填写的信息应清晰、易辨。

运单可以打印纸质单据或以App软件形式随车携带，使用纸质单据的，需加盖企业公章（复印或扫描件有效）。

承运人应当妥善保存例外数量危险货物运单，保存期限不得少于12个月。

三、《例外数量危险货物包件性能测试报告》和《例外数量危险货物包件使用声明》使用要求

托运人须将《例外数量危险货物包件性能测试报告》或《例外数量危险货物包件使用声明》提供给承运人。承运人应当要求驾驶人员随车携带。

托运人应当妥善保存《例外数量危险货物包件性能测试报告》或《例外数量危险货物包件使用声明》，保存期限不得少于有效期后12个月。

四、例外数量危险货物道路运输与多式联运的衔接

当例外数量危险货物道路运输作为国际海运或空运的多式联运的一个环节时，《例外数量危险货物包件使用声明》、例外数量危险货物托运清单和运单可由符合《国际海运危险货物规则》或《危险品航空安全运输技术细则》要求的运输文件或信息替代。多式联运中其他运输方式的单据（如提单或空运货单）应在运输单据中注明"例外数量危险货物"或"Excepted Quantity"，并注明包件的数量。

第五节 运输作业要求

当采用例外数量包装形式托运危险货物，并且每辆运输车辆所装载的例外数量危险货物包件数量不超过1000个时，可豁免为普通货物运输，主要豁免承运企业运输资质、运输车辆及其外观标志、人员资格、道路通行等有关危险货物道路运输的要求。

第六节　培训要求

一、培训对象

从事例外数量危险货物道路运输活动的托运人、承运人等相关方，应对本单位相关从业人员进行与其所承担责任和义务相适应的岗前安全教育培训和定期安全教育培训。未经岗前安全教育培训考核合格的人员，不得上岗作业。

托运人、承运人还应对与例外数量危险货物托运、承运操作相关的本单位人员定期进行日常安全教育培训。

二、培训形式

企业可以对从业人员进行自主培训，也可以委托第三方培训机构进行培训。培训方式除传统授课方式外，也可以采用网络和电子培训方式。

三、培训内容

1. 托运人相关从业人员培训内容

例外数量危险货物道路运输托运人应组织本单位相关从业人员接受与其责任和义务相适应的培训，包括并不局限于：

（1）熟练掌握本指南内容；

（2）了解《道路运输条例》《道路危险货物运输管理规定》《危险货物道路运输安全管理办法》《危险货物道路运输规则》（JT/T 617—2018）等法律法规标准与例外数量相关的要求内容；

（3）熟练掌握JT/T 617.3—2018表A.1的查询方法等。

根据法律法规及标准的变化，托运人应组织从业人员适时进行复训。

2. 承运人相关从业人员培训内容

例外数量危险货物道路运输承运人应组织本单位相关从业人员接受与其责任和义务相适应的培训，包括并不局限于：

（1）熟练掌握本指南内容；

（2）了解《道路运输条例》《道路危险货物运输管理规定》《危险货物道路运输安全管理办法》《危险货物道路运输规则》（JT/T 617—2018）等法律法规标准与例外数量相关的要求内容；

根据法律法规及标准的变化，承运人应组织从业人员适时进行复训。

四、培训记录

托运人、承运人应当妥善保存安全教育培训及考核记录。岗前安全教育培训及考核记录保存至相关从业人员离职后12个月；定期安全教育培训记录保存期限不得少于12个月。当企业聘用新员工时，应当核实其历史培训记录。未按要求经过岗前培训或岗前培训考核不合格的人员，不得上岗作业。

培训记录的保存可以采用纸质或电子形式。

第二章
CHAPTER 2

有限数量危险货物
道路运输指南

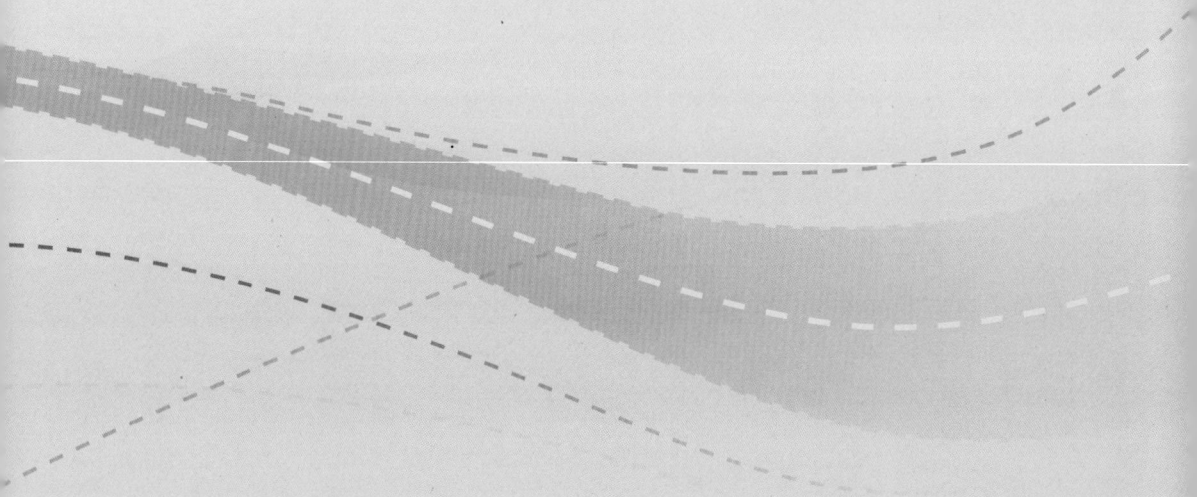

第一节　总　　则

一、编制目的

为指导和规范有限数量危险货物道路运输作业，根据《危险货物道路运输安全管理办法》（交通运输部令2019年第29号）、《危险货物道路运输规则》（JT/T 617—2018）等相关法规标准制定本指南。

二、适用范围

本指南适用于有限数量危险货物道路运输的托运、承运和运输作业环节。

法律法规对剧毒化学品、民用爆炸物品、烟花爆竹以及放射性物品有特殊规定的，从其规定。

三、术语定义

（1）危险货物（Dangerous Goods），是指列入《危险货物道路运输规则》（JT/T 617），具有爆炸、易燃、毒害、感染、腐蚀、放射性等危险特性的物质和物品。

（2）有限数量危险货物（Dangerous Goods Packed in Limited Quantities），是指列入《危险货物道路运输规则》（JT/T 617），通过数量限制、包装、标记等特别要求，消除或者降低其运输危险性并免除相关运输条件的危险货物。

（3）有限数量（Limited Quantity），是指危险货物以有限数量形式运输时，每个内包装、内容器或物品所装危险货物的最大数量。

有限数量危险货物每个内包装、内容器或者物品所装的最大数量应当满足《危险货物道路运输规则　第3部分：品名及运输要求索引》（JT/T 617.3—2018，以下简称JT/T 617.3—2018）中表A.1第（7a）列有限数量的数值要求。

（4）内包装（Inner Packaging），是指运输时需用外包装的包装。

（5）外包装（Outer Packaging），是指复合或组合包装的外保护装置，以及为容纳和保护内容器或内包装所需要的吸附性材料、缓冲材料和其他部件。

（6）中间包装（Intermediate Packaging），是指置于内包装或物品与外包装之间的包装。

（7）组合包装（Combination Packaging），是指为了运输目的而组合在一起的一组包装，由固定在一个外包装中的一个或多个内包装组成。

（8）包件或包装件（Package），是指包装作业的完结产品，包括准备好供运输的包装、大型包装或中型散装容器及其内装物。

（9）集合包装（Overpack），是指为了方便运输过程中的装卸和存放，将一个或多个包件装在一起以形成一个独立单元所用的包装物。如将多个包件放置或堆垛在托盘上，并用塑料打包带、收缩薄膜或其他适当方式紧固；或者放在箱子或围板箱等外保护包装中。

（10）包装类别（Packing Group），是指根据物质本身的危险程度，将其分为3个包装类别：

包装类别Ⅰ：具有高度危险性的物质；

包装类别Ⅱ：具有中等危险性的物质；

包装类别Ⅲ：具有轻度危险性的物质。

对第1类、第2类、5.2项、6.2项、第7类，以及4.1项中的自反应物质另有规定的除外。

第二节　适用有限数量道路运输的危险货物

一、适用原则

适用有限数量道路运输的危险货物多为危险程度较小的危险货物，以列入 JT/T 617.3—2018表A.1第（7a）列有限数量中的为准。

二、判定流程

某种危险货物是否适用有限数量道路运输的判定流程如图2-1所示。

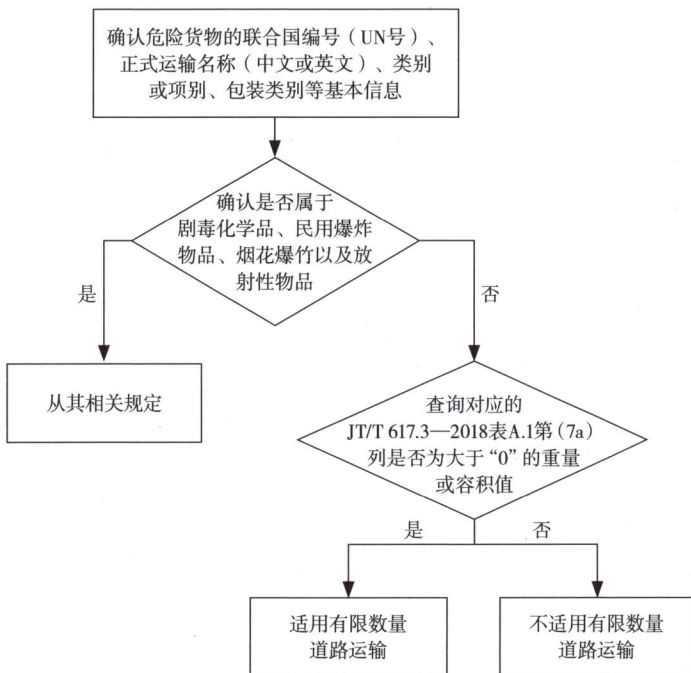

确认危险货物的联合国编号（UN号）、正式运输名称（中文或英文）、类别或项别、包装类别等基本信息

确认是否属于剧毒化学品、民用爆炸物品、烟花爆竹以及放射性物品

是 → 从其相关规定

否 → 查询对应的 JT/T 617.3—2018表A.1第（7a）列是否为大于"0"的重量或容积值

是 → 适用有限数量道路运输

否 → 不适用有限数量道路运输

注：如第（7a）列显示为"见特殊规定×××"，则从其特殊规定。

图2-1　适用有限数量道路运输的判定流程图

1. 确认危险货物基本信息

按照《危险货物道路运输规则 第2部分：分类》（JT/T 617.2—2018，以下简称JT/T 617.2—2018）和JT/T 617.3—2018，确认危险货物的联合国编号（UN号）、正式运输名称（中文或英文）、类别或项别、包装类别等信息。化学品的危险货物分类信息可以从其化学品安全技术说明书（MSDS）的第14部分：运输信息中查询获取。

2. 确认是否属于剧毒化学品等

按相关法规确认是否属于剧毒化学品、民用爆炸物品、烟花爆竹以及放射性物品。如属于，则该危险货物从其规定。

3. 确认是否适用有限数量道路运输

根据JT/T 617.3—2018表A.1第（1）（2a）（2b）（4）列的危险货物联合国编号（UN号）、中文名称、英文名称和包装类别，查询对应的第（7a）列有限数量中是否有限量值规定。若第（7a）列为"0"，则表明该危险货物不适用有限数量道路运输。若第（7a）列为大于"0"的重量或容积值，则表明该危险货物适用有限数量道路运输。

4. 判定某种危险货物是否适用有限数量道路运输的示例

1）不适用有限数量道路运输的危险货物示例

①硝酸铵，联合国编号为UN 0222，属于第1类爆炸性物质和物品，不适用有限数量道路运输。

②氰化钾，联合国编号为UN 1680，属于剧毒化学品，不适用有限数量道路运输。

2）适用有限数量道路运输的危险货物示例

二氧化碳，联合国编号为UN 1013，属于2.2项非易燃无毒气体，JT/T 617.3—2018表A.1第（7a）列为120mL，则表明盛装在120mL气瓶内的二氧化碳，适用有限数量道路运输（表2-1）。

二氧化碳基本信息表　　　　　　　　表2-1

联合国编号	中文名称和描述	英文名称和描述	类别	包装类别	有限数量
（1）	（2a）	（2b）	（3a）	（4）	（7a）
1013	二氧化碳	CARBON DIOXIDE	2.2		120mL

3）同一联合国编号的危险货物部分适用有限数量道路运输的示例

胺类，易燃的，腐蚀的，未另作规定的或聚胺类，易燃的，腐蚀的，未另作规定的，联合国编号都为UN 2733，属于第3类易燃液体。该物质包装类别为Ⅰ时，JT/T 617.3—2018表A.1第（7a）列为0；包装类别为Ⅱ时，JT/T 617.3—2018表A.1第（7a）列为1L；包装类别为Ⅲ时，JT/T 617.3—2018表A.1第（7a）列为5L。这表明该危险货物包装类别为Ⅰ时，不适用有限数量道路运输；包装类别为Ⅱ和Ⅲ时，适用有限数量道路运输（表2-2）。

胺类，易燃的，腐蚀的，未另作规定的基本信息表　　表2-2

联合国编号	中文名称和描述	英文名称和描述	类别	包装类别	有限数量
（1）	（2a）	（2b）	（3a）	（4）	（7a）
2733	胺类，易燃的，腐蚀的，未另作规定的或聚胺类，易燃的，腐蚀的，未另作规定的	AMINES, FLAMMABLE, CORROSIVE, N.O.S. or POLYAMINES, FLAMMABLE, CORROSIVE, N.O.S.	3	Ⅰ	0
			3	Ⅱ	1L
			3	Ⅲ	5L

4）属于危险货物的消费品适用有限数量道路运输的示例

部分属于危险货物的日常消费品适用有限数量道路运输，例如除臭清新喷雾、油漆、白酒、香水、打火石等（表2-3）。

适用有限数量道路运输的消费品基本信息表　　　　表2-3

商品示例（示意图）	商品名称	联合国编号	中文名称和描述	类别或项别	包装类别	有限数量
	除臭清新喷雾	1950	气雾剂，易燃的	2		1L
	油漆	1263	涂料	3	III	5L
	白酒（高于24°，低于70°）	3065	酒精饮料，按体积酒精含量高于24%低于70%	3	III	5L
	香水（含易燃液体）	1266	香料制品，含易燃液体	3	III	5L
	打火石	1323	铁铈齐	4.1	II	1kg
	灭白蚁药水	3352	拟除虫液态菊酯农药，液体的，毒性的	6.1	III	5L
	管道疏通剂	1791	次氯酸盐溶液	8	III	5L

同时，部分属于危险货物的日常消费品不适用有限数量道路运输，例如鞭炮、打火机、离子型烟雾探测器等（表2-4）。

不适用有限数量道路运输的消费品基本信息表　　表2-4

商品示例（示意图）	商品名称	联合国编号	中文名称和描述	类别	包装类别	有限数量
	鞭炮	0337	烟花	1.4G		0
	打火机	1057	打火机或者打火机加油器，装有易燃气体	2.1		0
	离子型烟雾探测器	2911	放射性物质，例外的包件－物品	7		0

第三节　有限数量危险货物包装的选择和使用要求

一、总体要求

有限数量危险货物包装的设计制造应满足JT/T 617.3—2018和《危险货物道路运输规则　第4部分：运输包装使用要求》（JT/T 617.4—2018，以下简称JT/T 617.4—2018）对有限数量危险货物包装的要求，并符合相关的国家或行业包装设计制造和检验标准。

二、有限数量危险货物包装的选择和使用

1. 有限数量危险货物包装的选择和使用步骤

有限数量危险货物包装选择和使用的具体步骤如图2-2所示。

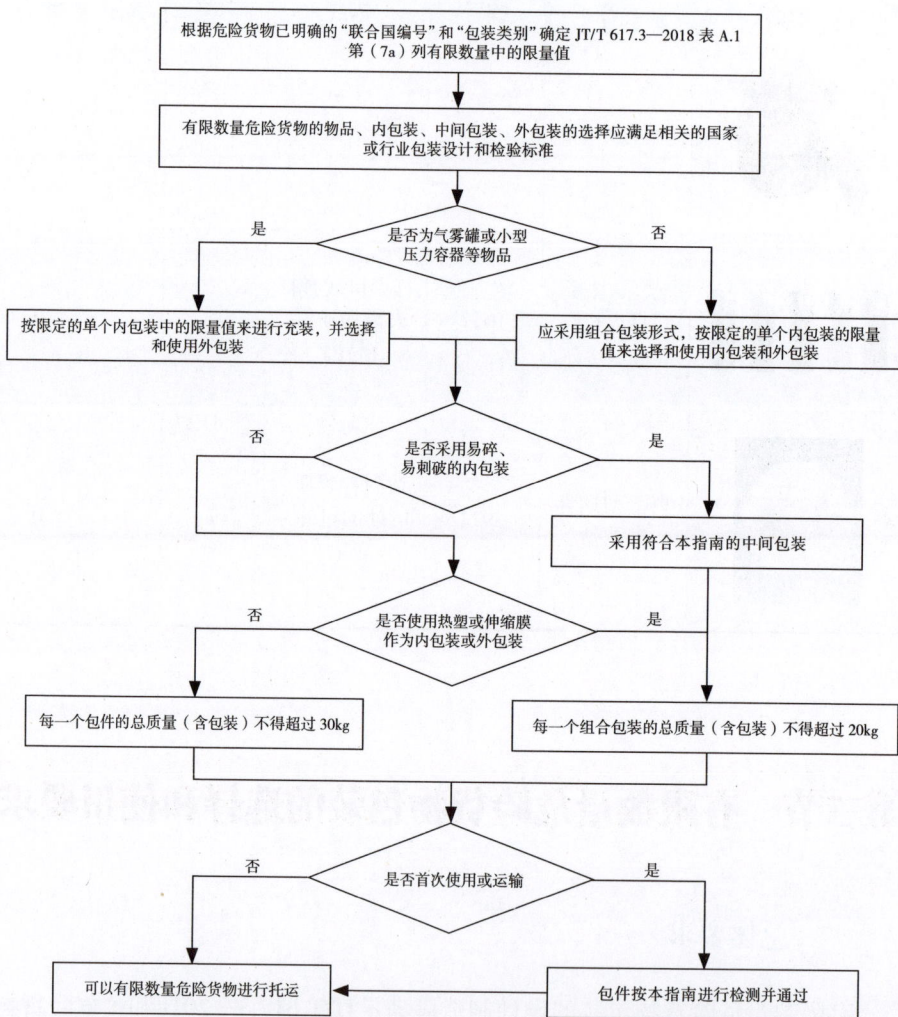

```
┌─────────────────────────────────────────────────────────────┐
│ 根据危险货物已明确的"联合国编号"和"包装类别"确定 JT/T 617.3—2018 表 A.1 │
│ 第（7a）列有限数量中的限量值                                       │
└─────────────────────────────────────────────────────────────┘
                              ↓
┌─────────────────────────────────────────────────────────────┐
│ 有限数量危险货物的物品、内包装、中间包装、外包装的选择应满足相关的国家      │
│ 或行业包装设计和检验标准                                          │
└─────────────────────────────────────────────────────────────┘
                              ↓
          是 ←────────  是否为气雾罐或小型  ──────→ 否
                        压力容器等物品

┌──────────────────────────────┐   ┌──────────────────────────────┐
│ 按限定的单个内包装中的限量值来进行充装，并选择 │   │ 应采用组合包装形式，按限定的单个内包装的限量 │
│ 和使用外包装                    │   │ 值来选择和使用内包装和外包装          │
└──────────────────────────────┘   └──────────────────────────────┘
                                                   ↓
          否 ←────────  是否采用易碎、  ──────→ 是
                        易刺破的内包装
                                                   ↓
                                    ┌──────────────────────────────┐
                                    │ 采用符合本指南的中间包装          │
                                    └──────────────────────────────┘

          否 ←────────  是否使用热塑或伸缩膜  ──────→ 是
                        作为内包装或外包装

┌──────────────────────────────┐   ┌──────────────────────────────┐
│ 每一个包件的总质量（含包装）不得超过 30kg │   │ 每一个组合包装的总质量（含包装）不得超过 20kg │
└──────────────────────────────┘   └──────────────────────────────┘

          否 ←────────  是否首次使用或运输  ──────→ 是

┌──────────────────────────────┐   ┌──────────────────────────────┐
│ 可以有限数量危险货物进行托运      │ ← │ 包件按本指南进行检测并通过          │
└──────────────────────────────┘   └──────────────────────────────┘
```

图2-2　有限数量危险货物包装的选择和使用步骤

（1）根据危险货物已明确的"联合国编号"和"包装类别"确定JT/T 617.3—2018表A.1第（7a）列有限数量中的限量值。

（2）当危险货物以有限数量运输时，其单个内包装或单个物品的充装量不应超过JT/T 617.3—2018表A.1第（7a）列中所列的限量值。

（3）有限数量危险货物的物品、内包装、中间包装、外包装的选择应满足相关的国家或行业包装设计和检验标准，如《危险化学品有机过氧化物包装规范》（GB 27833—2011）、《危险货物小型气体容器检验安全规范》（GB 19521.13—2004）、《危险货物中小型压力容器检验安全规范》（GB 19521.14—2004）、《包装容器　铁质气雾罐》（GB 13042—2008）等。

（4）有限数量危险货物应采用组合包装，即盛装在有合适外包装的内包装中，并可使用中间包装。

（5）运输气雾剂或装气体的小型容器包装,以及UN 2857的制冷机、UN 3028的蓄电池等物品时，无须使用内包装,但需要使用外包装。

（6）当采用易碎、易被刺破的内包装(如玻璃、陶器、粗陶瓷或某些塑料等)时，应增加一个中间包装。

（7）每一个包件的总质量（含包装）不得超过30kg。

（8）当有限数量的包件采用热缩塑料包（收缩膜）或底托加拉伸膜作为外包装使用时，每一个包件的总质量（含包装）不得超过20kg。

（9）对于采用如玻璃、陶器、粗陶瓷或某些塑料等易碎或易破损的内包装及中间包装的有限数量包件，每一个包件的总质量（含包装）不得超过20kg。

（10）有限数量包装在首次使用或运输前，包件应按本指南进行检测并通过。

2. 有限数量危险货物包装的质量要求

（1）包装应质量合格、足够坚固，能够承受装卸、运输、仓库周转时受到的冲击和振动；应结构合理、具有良好密封性，能够防止正常运输过程中由于振动，温度、湿度或压力的变化（如因海拔不同所致）引起的任何内装物的损失；在运输过程中，不应有任何危险货物残余物质黏附在包装的外表面。

（2）包装与危险货物直接接触的各个部位不应发生以下情况：

①其强度不应受到有限数量危险货物的影响而明显减弱；

②不应在包件内造成危险效应，例如，促使有限数量危险货物自身起反应或与其他有限数量危险货物发生反应；

③在正常运输条件下不会发生有限数量危险货物渗透情况；

④必要时，可有适当的内涂层或经过适当的处理。

（3）在未确认所托运物质是否与所选择的包装材料相容之前，不应选用该包装（例如大多数氟化物不适合用玻璃容器盛装）。

（4）原则上应按照JT/T 617.3—2018表A.1第（8）列包装指南中所列包装代码（以P开头），对应JT/T 617.4—2018附录A中的包装指南，选择合适的组合包装的形式。也可采用热缩塑料包（收缩膜）或底托加拉伸膜作为外包装，且组合包装也需要满足相关使用条件及测试标准。

（5）原则上应满足第（9a）列特殊包装规定代码对应JT/T 617.4—2018附录A中的特殊包装规定要求。

（6）内包装应合理放置在外包装中，应能确保在正常运输条件下，不会破裂、被刺破或其内装物不会泄漏到外包装中。盛装有液体的内包装应封口朝上，且与外包装的方向标志一致。

（7）可以在外包装内再增加一个补充包装（例如，增加一个中间包装，或在相应的内包装里加一个容器），该补充包装也应满足所有相关包装标准的要求。

（8）必要时，可使用适当的衬垫材料，防止内装物发生移动，或使用适当的吸附材料，以便在内包装出现破损时能够有效收集泄漏物。衬垫材料或外包装的保护性能不应因内装物的泄漏而被破坏。

（9）对于装有属于危险货物第8类（腐蚀性物质）且包装类别为Ⅱ的液态物质的玻璃、陶器或粗陶瓷的内包装，应选用兼容且坚硬的中间包装。

（10）当包装内装载液体时，应预留有足够的膨胀空间，以防止在运输过程中因温度变化引起液体膨胀而导致容器渗漏或永久变形。一般情况下，液体在55℃充装温度下，不得完全装满容器，内装液体的最大充装度见表2-5。

内装液体最大充装度　　　　　　　表2-5

物质的沸点 （开始沸腾的温度点，℃）	$T < 60$	$60 \leq T$ < 100	$100 \leq T$ < 200	$200 \leq T$ < 300	$T \geq 300$
最大充装度 （容器体积的百分数，%）	90	92	94	96	98

（11）若有限数量危险货物与其他货物之间会发生危险化学反应并可能造成如下后果，则不得混装在同一个外包装内：

①燃烧或放出大量的热；

②放出易燃、毒性或窒息性气体；

③产生腐蚀性物质；

④产生不稳定物质。

（12）装有潮湿或稀释物质的包装，其封口装置应能保证在运输过程中液体（水、溶剂或减敏剂）的浓度不会下降到规定的限值以下。

（13）装运液体危险货物的包装，应能够承受正常运输过程中液体对包装的内部压力。如果包装所装运的危险货物在某些条件下（例如温度升高等原因）释放气体（不具有毒性、易燃性等危险特性）导致包装内产生压力，则可在包装上安装一个通气孔。在正常运输条件下，通气孔应能防止液体泄漏、异物渗入等情况发生。

3. 包装的选择和使用示例

（1）气雾剂，易燃的，联合国编号为UN 1950，是2.1项易燃气体，JT/T 617.3—2018表A.1第（7）列有限数量限值为1L，第（8）列包装指南为P207，第（9a）列特殊包装规定为PP87。该气雾剂包装首先应符合《包装容器　铁质气雾罐》（GB 13041—2008）或《包装容器25.4mm口径铝气雾罐》（GB 25164—2010）等相关包装设计制造以及检验标准。如果单瓶气雾剂充装量满足所对应的有限数量要求（不同分类代码的UN 1950对应的有限数量不一致），并按适用的包装指南P207以及特殊包装规定PP87（表2-6）选择使用组合包装形式，包件的总质量（含包装）不超过30kg，则可作为有限数量危险货物包件。

包装指南P207和特殊包装规定PP87的具体要求　　　表2-6

P207	包装指南	P207
本指南适用于 UN 1950		

允许使用下列符合 4.1 和 4.4 要求的包装：
 a）桶（1A1，1A2，1B1，1B2，1N1，1N2，1H1，1H2，1D，1G）。
　　箱（4A，4B，4N，4C1，4C2，4D，4F，4G，4H1，4H2）。
　　包装应符合包装类别Ⅱ的性能水平。
 b）以下最大净质量的硬质外容器无须符合 4.1.3 的规定。
　　1）纤维板 55kg ；
　　2）其他板材 125kg。
 c）容器的设计和制造，应能够防止在正常运输条件下气雾剂移动和意外释放。

特殊包装规定：
PP87　按特殊规定 327 运输 UN 1950 的废弃喷雾器，包装应能防止运输过程中所有自由液体外溢，例如使用吸收材料。包装应充分通风，防止形成易燃环境和压力升高。

（2）次氯酸盐溶液，联合国编号为UN 1791，属于第8类腐蚀性液体，包装类别为Ⅱ时，JT/T 617.3—2018表A.1第（7）列有限数量限值为1L，第（8）列包装指南为P001，第（9a）列特殊包装规定为PP10。如果单个内包装小于或等于5L，组合包装的总质量（含包装）不超过30kg，且满足适用的特殊包装规定PP10的要求（表2-7），则可作为有限数量危险货物包件。

包装指南P001和特殊包装规定PP10的具体要求　　　表2-7

P001	包装指南（液体）		P001
符合 4.1 和 4.4 的一般规定情况下，使用下列包装			

组合包装		最大容量/净质量（见4.4.5）		
内包装	外包装	包装类别Ⅰ	包装类别Ⅱ	包装类别Ⅲ
玻璃 10L 塑料 30L 金属 40L	桶 钢（1A1,1A2）		250kg	400kg	400kg
	铝（1B1,1B2）	250kg	400kg	400kg
	其他金属（1N1,1N2）	250kg	400kg	400kg
	塑料（1H1,1H2）	250kg	400kg	400kg
	胶合板（1D）	150kg	400kg	400kg
	纤维质（1G）	75kg	400kg	400kg

续上表

P001	包装指南（液体）			P001
组合包装		最大容量/净质量（见4.4.5）		
内包装	外包装	包装类别Ⅰ	包装类别Ⅱ	包装类别Ⅲ
玻璃 10L 塑料 30L 金属 40L	箱 　钢（4A） 　铝（4B） 　其他金属（4N） 　天然木（4C1,4C2） 　胶合板（4D）	250kg 250kg 250kg 150kg 150kg	400kg 400kg 400kg 400kg 400kg	400kg 400kg 400kg 400kg 400kg

特殊包装规定：
PP10 对于 UN 1791，包装类别Ⅱ，包装应有通气孔。

4. 常用组合包装图例

（1）玻璃容器（内包装）+衬垫材料+纤维板箱（外包装）（图2-3）。

图2-3　玻璃容器+衬垫材料+纤维板箱

（2）玻璃容器（内包装）+蛭石（吸附材料）+塑料袋并封口（中间包装）+纤维板箱（外包装）（图2-4）。

图2-4　玻璃容器+蛭石+塑料袋并封口+纤维板箱

（3）金属罐（内包装）+热缩塑料包（外包装）（图2-5）。

图2-5　金属罐+热缩塑料包

（4）金属罐（内包装）+底托和拉伸膜（外包装）（图2-6）。

图2-6　金属罐+底托和拉伸膜

（5）玻璃瓶（内包装）+吸附棉+铁罐（中间包装）+纤维板箱（外包装）（图2-7）。

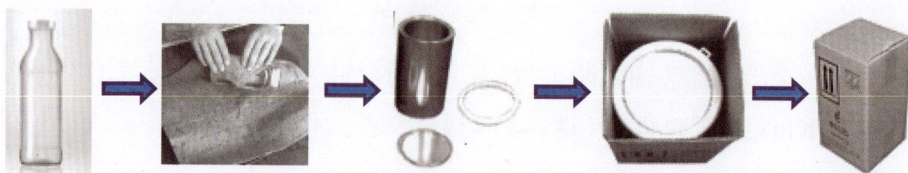

图2-7　玻璃瓶+吸附棉+铁罐+纤维板箱

三、有限数量危险货物包装性能测试要求

1. 有限数量危险货物包装性能测试的基本要求

有限数量危险货物的组合包装在首次使用或运输前应进行性能测试。托运人或包装人可自行测试或委托有资质的第三方专业测试机构进行测试。

2. 有限数量危险货物包装性能测试要求的分类

有限数量危险货物包装性能测试要求分为以下2类。

（1）对于在JT/T 617.3—2018表A.1第（4）列中规定了包装类别的组合包装，应根据其包装类别以及所采用的外包装类型，按照GB 19269—2009中表D.1的要求确定应进行的检验项目，并按照GB 19269—2009中7.2的试验要求进行检验。

例如，UN 1195，丙酸乙酯，JT/T 617.3—2018表A.1第（4）列中规定了包装类别为Ⅱ，有限数量为1L，包装指南为P001，无特殊包装规定，若其采用1B2的外包装，按照GB 19269—2009中表D.1的要求需要进行跌落和堆码试验，测试试验要求见GB 19269—2009中7.2.1的Ⅱ类包装跌落试验和7.2.4的堆码试验。

（2）对于在JT/T 617.3—2018表A.1第（4）列中未规定包装类别，但在其对应的第（8）列包装指南或第（9a）列特殊包装规定中明确了包装类别性能水平要求的组合包装，应根据上述包装类别性能水平要求以及所采用的外包装类型，按照GB 19269—2009中表D.1的要求确定应进行的检验项目，并按照GB 19269—2009中7.2的试验要求进行检验。

例如，UN 3477，燃料电池筒，或设备中含有的燃料电池筒或与设备装在一起的燃料电池筒，含有易燃液体，JT/T 617.3—2018表A.1第（4）列中未规定包装类别，则该物品的组合包装应按照GB 19269—2009中表D.1的要求确定需要进行跌落和堆码试验，试验要求见GB 19269—2009中7.2.1的Ⅱ类包装跌落试验和7.2.4的堆码试验。

3. 不须进行包装试验的内包装

如组合包装的外包装用不同类型的内包装成功地通过了试验，则这些不同类型的内包装也可以装在此外包装中。此外，如能保持相同的性能水平，下列内包装的变化形式可以不必对包件再做试验，允许使用。

（1）可使用尺寸相同或较小的内包装，条件是：

①内包装的设计与试验过的内包装相似（例如形状为圆形、长方形等）；

②内包装的制造材料（玻璃、塑料、金属等）承受冲击力和堆码力的能力等于或大于原先测试过的内包装；

③内包装有相同或较小的开口、封闭装置设计相似（如螺旋帽、摩擦盖等）；

④用足够的额外衬垫材料填补空隙，防止内包装明显移动；

⑤内包装在外包装中放置的方向与测试过的包装件相同。

（2）如果用足够的衬垫材料填补空隙处防止内包装的明显移动，则可用较少的试验过的内包装或（1）中所列的替代型号的内包装。

4. 不须进行试验的条件

物品或者任何型号的固体或液体内包装，在下列条件下可以进行组装并在外包装中装运，不必进行试验：

（1）外包装在装有液体易碎(如玻璃)内包装时成功地通过按照GB 19269—2009 Ⅰ类包装的跌落试验。

（2）各内包装的合计总毛重不得超过(1)中跌落试验使用的各内包装毛重的一半。

（3）各内包装之间以及内包装与外包装之间的衬垫材料厚度不得小于原先试验包装的相应厚度，如在原先试验中仅使用一个内包装，则各内包装之间的衬垫厚度不得小于原先试验中外包装与内包装之间的衬垫厚度，如使用较少或较小的内包装(与跌落试验所用的内包装相比)，则应使用足够的附加衬垫材料填补空隙。

（4）外包装为空时，成功地通过GB 19269—2009的堆码试验，试验的包件总质量应根据（1）中跌落试验所用内包装的合计质量确定。

（5）装液体的内包装周围应完全裹上吸附材料，其数量足以吸收内包装所装的全部液体。

（6）如用不防渗漏的外包装容纳装液体的内包装，或用不防撒漏的外包装容纳装固体的内包装，则应提供发生泄漏时盛装任何液体或固体内装物的方法，如使用密封衬里、塑料袋或其他等效的容纳器具，对于装液体的包装，（5）中要求的吸附材料应放在容纳液体的内包装内。

（7）已通过组合包装Ⅰ类包装性能试验的包装，应按照GB 19269—2009的5.2做好UN包装标记，以外包装质量加上（1）中跌落试验所用的内包装质量的一半之和作为毛重，以kg标记，包装标记中的包装代码还应加上字母"V"。

四、《有限数量危险货物包装性能测试报告》和《有限数量危险货物包装使用声明》使用要求

1. 《有限数量危险货物包装性能测试报告》

（1）对以组合包装方式包装的有限数量危险货物，托运人或包装人应自行或委托第三方出具《有限数量危险货物包装性能测试报告》。测试报告至少应包含以下内容：

①测试机构的名称和地址；

②托运人或包装人的名称和地址；

③测试报告的唯一性编号；

④测试报告的签发日期；

⑤（拟装）有限数量危险货物信息（如货物名称、联合国编号、正式运输名称、危险类别/项别、包装类别等）；

⑥包装类型说明（如内包装材质/单个净含量/个数、外包装材质/规格、包件允许最大毛重、是否有中间包装、填充物等）；

⑦测试介质、测试依据标准；

⑧测试项目和结果；

⑨测试人签字，测试机构盖章。

注：对于物品本身有包装测试要求的，也应列入其测试依据标准中。例如UN 1950若采用铁制喷雾罐，除需要满足组合包装试验要求外，还需要满足GB 19521.13—2004的试验要求；若采用铝制喷雾罐，除需要满足组合包装试验要求外，还需要满足GB/T 25146—2010的试验要求。因此GB 19521.13—

2004或GB/T 25146—2010应填写在其他要求中。

（2）若《有限数量危险货物包装性能测试报告》中已包含（1）中⑤有限数量危险货物相关信息，则该测试报告可由托运人交予承运人并由驾驶人员直接随车携带使用，无须再提供《有限数量危险货物包装使用声明》。

（3）托运人或包装人应对《有限数量危险货物包装性能测试报告》存档，保存期限不得少于其托运后12个月。

2. 《有限数量危险货物包装使用声明》

以有限数量形式托运危险货物时，托运人应当向承运人提供《有限数量危险货物包装性能测试报告》或出具符合JT/T 617.3—2018包装要求的《有限数量危险货物包装使用声明》，格式示例如图2-8所示。

有限数量危险货物包装使用声明

包装声明编号：_____　　　　　　包装测试编号：_____

企业名称					
货物名称	联合国编号（UN 号）	正式运输名称	类别项别	包装类别	单个内包装净含量(g/mL)

包件毛重（kg）：

声明：本公司承诺所出运的有限数量危险货物包装的适用性及使用方法，符合如下法规标准要求（适用有限数量危险货物道路运输的相关内容）：
《危险货物道路运输安全管理办法》；
《危险货物道路运输规则　第3部分：品名及运输要求索引》（JT/T 617.3—2018）；
其他_____
如有不符，我公司将承担相应的法律责任。
特此声明。

　　　　　　　　　　　　　　　　　　　　　　　公司盖章：
声明人姓名：　　　　　　签字：　　　　　　　日期：

图2-8　《有限数量危险货物包装使用声明》格式

五、有限数量危险货物包件标记要求

1. 有限数量危险货物包件标记

内装有限数量危险货物包件的外包装上，应根据JT/T 617.3—2018中7.5章的要求粘贴有限数量危险货物包件标记（图2-9）。如果该包件从事陆空联运，则粘贴图2-10所示的包件的标记。若有限数量危险货物包件用于空运，则其包件外还应按照空运相关要求粘贴危险货物相关信息及标记。

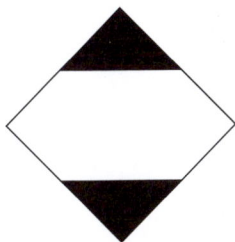

图2-9　有限数量危险货物包件标记

图2-10　符合国际民航组织《危险品航空安全运输技术细则》第3部分第4章规定的有限数量危险货物包件标记

2. 方向标记

对于内包装装有液态危险货物的组合包装、配有通气孔的包装、装运冷冻液化气体的深冷容器，除应粘贴有限数量危险货物包件标记外，还需在外包装外两个相对的侧面分别粘贴一个方向标记。方向标记应满足《危险货物道路运输规则　第5部分：托运要求》（JT/T 617.5—2018，以下简称JT/T 617.5—2018）的要求。

以下包件不须粘贴方向标记：

①内装压力容器的外包装（深冷容器除外）；

②每一内包装的装载量不超过120ml，内包装和外包装之间有充足的吸收材料，足以吸收内包装中的全部液态危险货物；

③内装货物在任何方向上都不会泄漏的外包装（如温度计中的酒精或汞，气雾剂等）；

④外包装所装危险货物均密封在内包装中，且每一内包装的装载量不超

过500ml。

除标明包件正确放置方向以外的其他箭头，不应与方向标记同时粘贴在外包装上。

3. 毛重标记

应在每个包件的外部粘贴毛重标记，要求与有限数量危险货物包件标记处于同一面，且醒目、耐久（图2-11）。

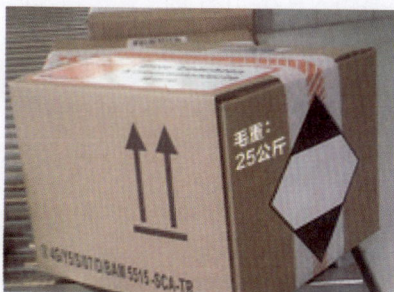

图2-11　毛重标记图例

4. 集合包装特殊要求

应在集合包装外部标记文字"集合包装"或同时标明"OVERPACK"字样；"集合包装"或"OVERPACK"字样的高度应不小于12mm。从集合包装外部无法识别方向标记的，应在集合包装两个相对侧面粘贴相应的方向标记（图2-12）。

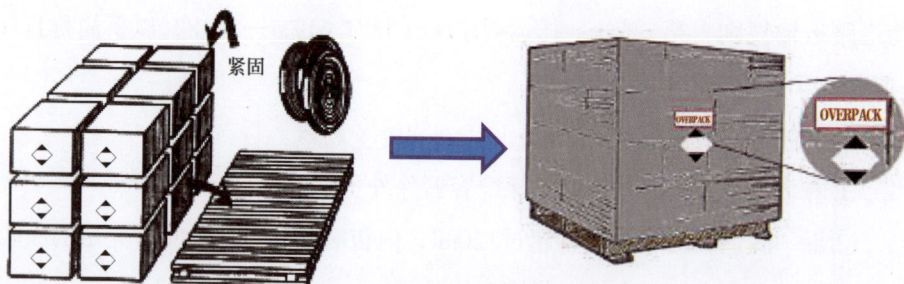

图2-12　有限数量集合包装的图例

5. 其他要求

当装有有限数量危险货物的包件被放置在一个集合包装内时，集合包装内所有包件上的标记都应清晰可见，否则须在集合包装外部粘贴所装运货物的标记。

第四节 运输单据要求

一、有限数量危险货物托运清单要求

有限数量危险货物托运清单至少应包含以下信息：

（1）托运人的名称和地址；

（2）收货人的名称和地址；

（3）发货/装货地；

（4）收货/卸货地；

（5）承运人名称；

（6）货物品名；

（7）有限数量危险货物包件的数量；

（8）有限数量危险货物包件的总质量（含包装）；

（9）《有限数量危险货物包装性能测试报告》编号或《有限数量危险货物包装使用声明》编号；

（10）托运人应急联系电话；

（11）备注：如果在运输途中发现有限数量危险货物包装有破损现象，承运人应立即通知托运人，并按照托运人的要求及时妥善处理破损包装及受到破损包装影响的其他货物。

托运人可以自行设计托运清单格式，但应涵盖上述内容。托运清单上填写的信息应清晰、易辨。

托运人应当妥善保存有限数量危险货物托运清单，保存期限不得少于12个月。

二、有限数量危险货物运单要求

有限数量危险货物运单上的信息应可追溯，且至少应包含：

（1）运单的唯一性编号；

（2）有限数量危险货物包件的数量；

（3）有限数量危险货物包件的总质量（含包装）。

承运人可以自行设计运单格式，但应涵盖上述内容。运单上填写的信息应清晰、易辨。

运单可以打印纸质单据或以APP软件形式随车携带，使用纸质单据的，需加盖企业公章（复印或扫描件有效）。

承运人应当妥善保存有限数量危险货物运单，保存期限不得少于12个月。

三、《有限数量危险货物包装性能测试报告》和《有限数量危险货物包装使用声明》使用要求

托运人需将《有限数量危险货物包装性能测试报告》或《有限数量危险货物包装使用声明》提供给承运人。承运人应当要求驾驶人员随车携带。

托运人应当妥善保存《有限数量危险货物包装性能测试报告》或《有限数量危险货物包装使用声明》，保存期限不得少于有效期后12个月。

四、有限数量危险货物道路运输与多式联运的衔接

当有限数量危险货物道路运输作为国际海运或空运的多式联运的一个环节时，《有限数量危险货物包装使用声明》、有限数量危险货物托运清单和运单可由符合《国际海运危险货物规则》或《危险品航空安全运输技术细则》要求的运输文件或信息替代。多式联运中其他运输方式的单据（如提单或空运货单）应在运输单据中注明"有限数量危险货物"或"Limited Quantity"或"LTD QTY"，并注明包件的数量、总质量（含包装）。

第五节　装卸作业要求

一、混合装载

装载有限数量危险货物时，可与一般危险货物、普通货物混合装载，但不得与第1类爆炸性物质和物品混合装载。

二、装卸操作

（1）有限数量危险货物的包装若由易受潮湿环境影响的材质制成，其包件应通过侧帘车辆、封闭式车辆、软开顶集装箱或封闭式集装箱进行装载。

（2）车辆、集装箱和驾驶人员，应符合安全、安保、卫生及正确操作装卸设备等相关管理规定。装卸管理人员在检查相关文件或对车辆、集装箱进行目视检查时，发现不符合规定的，不得进行装卸。

（3）装载之前应检查车辆、集装箱内外，以确保不存在影响车辆、集装箱或包件整体性的损坏。若检查发现存在可能影响装卸安全的缺陷，则不得进行装载。

（4）装卸作业前应对照有限数量危险货物运单，核对有限数量危险货物的名称、包装规格、包件数量，并认真检查货物包装外表面。若有限数量标记与运单不符或装卸操作不符合有关规定的，不得进行装卸。

（5）所有包件都应按照其设计和测试过的操作方法进行装卸作业。

（6）有方向标记的单一包件和集合包件应根据方向标记进行装卸。

（7）不得打开装有有限数量危险货物的包件。

（8）在有限数量危险货物的装卸过程中，禁止在车辆、集装箱的附近和内部吸烟。同时也禁止使用电子香烟等其他类似产品。

三、堆垛和系固

（1）车辆或集装箱应视情况配备方便的系固和搬运装置。车辆或集装箱中的有限数量危险货物的包件，应通过紧固带、滑动板条和扣式装置等合适手段进行系固，防止运输途中货物出现移动或造成破损。有限数量危险货物与其他普通货物混载运输时，所有货物均应堆垛、系固完好。当使用紧固带或捆扎带进行系固时，不得系固过紧以致包件破损或变形。

（2）可通过使用衬垫填充材料或支撑物等方式防止货物移动。

（3）除非包件设计为可堆垛，否则不应堆垛。不同类型包件一同堆垛时，应考虑包件之间的堆垛适宜性。必要时，应考虑防止承载设备对下层包件的磨损。

四、卸载和清洗

装有有限数量危险货物的车辆或集装箱完成货物卸载后，若发现有内容物洒落，应立即对其进行清洗。如果无法在卸载点清洗，应将车辆或集装箱安全运输到最近的合适地点进行清洗，并采取恰当的措施保证运输的安全性，防止更大的洒落或泄漏。

第六节　运输作业要求

一、总体要求

（1）在有限数量危险货物的运输过程中，禁止在车辆或集装箱的附近和内部吸烟。同时也禁止使用电子香烟等其他类似产品。

（2）驾驶人员应随车携带运单和《有限数量危险货物包装性能测试报告》或《有限数量危险货物包装使用声明》。

二、一般运输要求

当采用有限数量包装形式托运危险货物，并且每辆运输车辆所装载的有限数量危险货物总质量（含包装）不超过8吨时，可豁免为普通货物运输，主要豁免承运企业运输资质、运输车辆及其外观标志、人员资格、道路通行等有关危险货物道路运输的要求。具体运输要求如下：

（1）承运企业需要按照《中华人民共和国道路运输条例》取得从事货物运输经营的《道路运输经营许可证》（车辆总质量≤4.5吨的除外）。

（2）驾驶人员应依法取得相应准驾车型的机动车驾驶证。不需要配备押运人员。

（3）承运企业应使用符合《中华人民共和国道路运输条例》要求的从事货物经营的运输车辆，并保持车厢洁净、适当通风，避免人员与货物处于同一空间。

（4）运输车辆不需按照JT/T 617.5—2018的要求悬挂危险货物标志牌。

（5）运输车辆应遵守普通货物运输的相关道路通行规定，不需遵守有关危险货物运输的相关道路通行要求，例如，危险货物运输车辆通行线路限制、运输时间限制、运输速度限制等。

三、有限数量危险货物超过8吨时的运输要求

当每辆运输车辆（或每个集装箱）所装载的有限数量危险货物总质量（含包装）超过8吨且未与一般危险货物混合运输时，不豁免为普通货物运输。具体运输要求如下：

（1）应在运输车辆的前部和后部喷涂或悬挂有限数量危险货物标志牌。

（2）应在集装箱的四面喷涂或悬挂有限数量危险货物标志牌。

（3）标志牌样式与有限数量危险货物标记相同（图2-13），最小尺寸为250mm×250mm。

（4）标志牌的固定方法应确保在运输过程中，尤其是遭遇冲击或遇到意

外情况下，标志牌不会折损或松落。

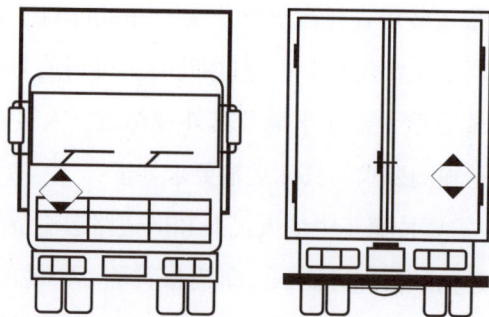

图2-13　不与一般危险货物混合运输时，车辆前部和尾部应悬挂有限数量标志牌

四、与一般危险货物混合运输时的运输要求

当每辆运输车辆同时装有有限数量危险货物和一般危险货物时，应严格按照《道路危险货物运输管理规定》的要求从事危险货物道路运输。运输车辆应悬挂危险货物标志牌，不再悬挂有限数量危险货物标志牌。

第七节　培训要求

一、培训对象

从事有限数量危险货物道路运输活动的托运人、承运人等相关方，应对本单位相关从业人员进行与其所承担责任和义务相适应的岗前安全教育培训和定期安全教育培训。未经岗前安全教育培训考核合格的人员，不得上岗作业。

托运人、承运人还应对与有限数量危险货物托运、承运操作相关的本单位人员定期进行日常安全教育培训。

二、培训形式

企业可以对从业人员进行自主培训，也可以委托第三方培训机构进行培训。培训方式除传统授课方式外，也可以采用网络和电子培训的方式。

三、培训内容

1. 托运人相关从业人员培训内容

有限数量危险货物道路运输托运人应组织本单位相关从业人员接受与其责任和义务相适应的培训，包括但不局限于：

（1）熟练掌握本指南内容；

（2）了解《道路运输条例》《道路危险货物运输管理规定》《危险货物道路运输安全管理办法》《危险货物道路运输规则》（JT/T 617—2018）等法律法规标准与有限数量相关的要求内容；

（3）了解《公路运输危险货物包装检验安全规范》（GB 19269）及其他相关的包装标准规范；

（4）熟练掌握JT/T 617.3—2018表A.1的查询方法；

（5）熟练掌握JT/T 617.4—2018中包装指南及混合包装的查询方法。

根据法律法规及标准的变化，托运人应组织从业人员适时进行复训。

2. 承运人相关从业人员培训内容

有限数量危险货物道路运输承运人应组织本单位相关从业人员接受与其责任和义务相适应的培训，包括但不局限于：

（1）熟练掌握本指南内容；

（2）了解《道路运输条例》《道路危险货物运输管理规定》《危险货物道路运输安全管理办法》《危险货物道路运输规则》（JT/T 617—2018）等法律法规标准与有限数量相关的要求内容。

根据法律法规及标准的变化，承运人应组织从业人员适时进行复训。

四、培训记录

托运人、承运人应当妥善保存安全教育培训及考核记录。岗前安全教育培训及考核记录保存至相关从业人员离职后12个月；定期安全教育培训记录保存期限不得少于12个月。当企业聘用新员工时，应当核实其历史培训记录。未按要求经过岗前培训或岗前培训考核不合格的人员，不得上岗作业。

培训记录的保存可以采用纸质或电子形式。